시간의 강에 기대어

시간의 강에 기대어

최경식 아홉 번째 시집

청옥

시인의 말

한 걸음 한 걸음의 여정속에서
가끔은 평지 같은 날도 있지만
가파른 오르막길을 올라가야 할 때도 있습니다.

어떤 길을 선택하든 그 길을 걷는 순간마다
새로운 경험과 배움이 눈앞에 펼쳐집니다.
그 속에서 더 큰 힘과 인내를 발견하게 될 것입니다.

때로는 동행자와 함께 할 수 있고
때로는 혼자서 꿋꿋이 나아갈 때도 있겠지만
어떤 상황이든 변함없는 진실 속의 여정은
우리들의 특별한 이야기가 되었으면 좋겠습니다.

바쁜 일상에서도
잠시 멈추어 서서
시 한 편으로 숨을 고를 수 있기를 바라며
읽어주시는 당신의 시간 속에도
따스한 햇살 한 줄기 머물기를 바랍니다.
감사합니다.

2025년 여름
시인 최 경 식 드림

목차

제1부 그림자 되어

어느 날 문득 ······ 15
달맞이꽃 ······ 16
솔잎 바람 ······ 17
그림자 되어 ······ 18
어느 가을밤에 ······ 19
기다림 ······ 20
시간의 강에 기대어 ······ 21
풀꽃을 보며 ······ 22
어떤 하루 ······ 23
접시꽃 연가 ······ 24
오늘 하루는 어땠나요 ······ 25
찻잔 속에 피는 그리움 ······ 26
독경 ······ 27
하얀 구름 ······ 28
허공꽃 ······ 29
귀한 손님 ······ 30
두물머리의 하루 ······ 31
벚꽃 핀 봄날에 ······ 32
청옥문학 ······ 33

제2부 풍경소리

가을 사랑 ················ 37
풍경소리 ················ 38
비 개인 오솔길 ·········· 39
난꽃 향기 ··············· 40
낙엽 ···················· 41
낙엽 2 ·················· 42
법당을 찾아서 ··········· 43
달맞이꽃 2 ·············· 44
땅뫼산에서 ·············· 45
동백꽃 ·················· 46
맨드라미 ················ 47
떠나간 그대 ············· 48
그리움은 ················ 50
목련이 질 때 ············ 52
바람 불면 ··············· 53
벚꽃 흩날리는 날 ········ 54
아침 인사 ··············· 55
서운암 공작새 ··········· 56
부산 엑스포 ············· 57

제3부 빈 배를 타고

해안 길 따라 ······ 61
살얼음 ······ 62
빈 배를 타고 ······ 63
겨울 숨소리 ······ 64
삶이란 ······ 65
새벽길 ······ 66
비 오는 날 ······ 67
봄꽃 기다리며 ······ 68
백목련 ······ 69
연서리꽃 ······ 70
범선을 타고 ······ 71
겨울 해변 ······ 72
수평선 ······ 73
서운암 ······ 74
빈 배 ······ 75
성지곡을 오르며 ······ 76
목련 ······ 77
보람으로 ······ 78

제4부 인연

겨울 숨결 ·············· 81
인연 ·············· 82
혼자 걷는 오시리아 ·············· 83
안개꽃 ·············· 84
하루의 공간 ·············· 85
통도사 대웅전에서 ·············· 86
풀꽃 ·············· 87
차 한잔 ·············· 88
주엽나무 ·············· 89
서운암 장독대 ·············· 90
참꽃 향기 ·············· 92
오늘은 ·············· 93
우체국 가는 날 ·············· 94
백사장에서 ·············· 95
풀잎 속삭임 ·············· 96
과수원에서 ·············· 97
달빛에 비친 좌광천 ·············· 98
금정산 오르며 ·············· 99
성지곡 수원지에서 ·············· 100

제5부 비의 연가

파도가 지나간 자리 ················ 103
창가에서 ······························ 104
비의 연가 ······························ 105
비 오는 날의 그리움 ··············· 106
가을 동행 ······························ 107
그대에게 ······························ 108
억새꽃 ·································· 109
억새꽃 2 ······························ 110
억새꽃 3 ······························ 111
빗속 드라이브 ······················· 112
매화 ···································· 113
산을 오르며 ··························· 114
만남 ···································· 115
모전공원의 밤 ······················· 116
블루베리 ······························ 117
해남 가는 길 ························· 118
산책길에서 ··························· 119

| 해설 | 이석락
『시간의 강에 기대어』 출간을 축하합니다 ······· 120

제1부

그림자 되어

어느 날 문득

기억의 서랍을 열어보니
그 안엔 너의 웃음이 가득하다
가을바람에 흩날리는 낙엽처럼
우리의 추억도
가벼운 속삭임으로 흘러간다

햇살 가득한 오후의 공원
너와 나란히 앉아 나누던 이야기들
시간의 흐름 속에
희미해진 얼굴들 사이로
너의 모습은 선명하게 떠오른다

이제는 서로 다른 길을 걷고 있지만
그때의 너는 여전히 내 마음속에 살아있다
낙엽이 질 때마다
너의 따스한 손길이 그리워진다

추억이여, 어딘가에서 행복하기를….
그리고 이 시가 너에게 닿아
잠시나마 우리를 기억하게 바래본다

달맞이꽃

몰래 간직한 여린 마음
밤이슬 함초롬 젖어 지샌
불면의 기슭

달빛 품어 밝힌 어둠
기다림의 솟대엔
노란 미소가 수줍다

살며시 건네는 비밀 사연
숨어 읽고 가는 달빛
뒤쫓는 향기
우련하게 스며든다

솔잎 바람

솔잎 사이로 부는 바람
지나가야 마음자리가 보일까

많은 만남도 스치고 가야
아픔의 강도가 보일까

예쁜 모습도 속내를 모르니
세월의 바람이 불어야
사랑이 보일까

인생의 모습은
솔잎을 흔드는 바람은 알고 있는지

스치는 바람은
세월의 향기를 안고
다가오는 것인지

그림자 되어

간새에 출렁이는
은빛 바다를 바라보며
말 없는 눈빛에 마음이 닿습니다

세월을 넘어 바다로 오는 강물처럼
우리의 인연도 언제부턴가 그림자 되어
나의 하루를 스칩니다

보고파질 때는
늦은 밤 창가에 앉아
사색 속에 그대를 불러봅니다

인생이라는 먼 길 위
우연처럼 찾아온 만남은
사실은
오랜 기다림 끝의 인연의 시작이었음을
지나는 바람이 속삭입니다

어느 가을밤에

봄에 시작되어 겨울에 끝나는 한해
가을이 되면 거둔 곡식으로 풍성한 마음이 되고
겨울을 준비하는 나무들의 의상 발표가 화려하다

그동안 배려의 마음으로 걸어온 이 길은
한 그루 나무처럼 가을에 변색하며 준비하는 것처럼
아름다운 마음을 만들어 주고 싶다

여기저기 들녘의 색깔처럼
어려움도 아픔도 타인을 위한 것으로 생각하면
마음에 덕이 생기는 것이다

고즈넉한 향기를 보내어 기쁨을 주고
노을빛에 물든 국화꽃보다 아름답게
고운 사람들과 이 가을의 밤을 젖어보고 싶다

기다림

이제는 낮달조차 그리워 울고 마는
석양의 바람결에 묻혀보는 속마음
눈시울 흐릿해져
먼 곳에 인사한다

붉게 물든 나뭇잎에 문신처럼 새긴 후회
아직도 못 읽어낸 일생의 깊은 사연
빈자리 별자리 하나
더 선명히 찾아든다

밤길로 슬그머니 나갔던 머나먼 길
이슬을 밟으면서 돌아올까 기다리다
다리가 저려 안부도 못 물어보고
울다가 돌아왔다

시간의 강에 기대어

물은 말없이 흐르고
그 위에 아른거리는 그림자 하나
조용히 스쳐 간다

손에 쥐려 하면
더 멀어지는 순간들
돌아보면 모두가 선물이었다

젊음은 발끝에 있었고
사랑은 눈동자에 머물렀지만
이제는 주름진 손등 위에
깊은 기억으로 눌러앉았다

시간은 무심히 흘러갔지만
그 안에 내가 있었고
그대가 있었다

그래서 지금,
비워진 마음 한편에도
잔잔한 빛이 스민다

풀꽃을 보며

아침 이슬을 머금은 풀잎
소소리 바람에 나부끼며
내 마음을 흔든다

돌풍에 가슴앓이하는 것을
그대는 아는가

이슬에 젖어 있는 마음은
시간이 지나야
바람으로 흩어지겠지

한 잎 한 잎이 모인 건실한 꽃도
작은 소리에 상처받을까 봐

소리 없는 비를 맞으며
자연과 속삭임을 나누는
사랑이 있기에 행복을 느낀다

어떤 하루

햇살 부드럽게 내려와
어제의 기억을 비추고

느린 바람 불어와 나뭇잎 스치듯
고요한 오늘이 흐르고 있다

짧은 순간의 행복 속에
마음의 여백 자유롭게 날아

덜컥, 찾아온 달빛 속에
내일의 소망을 품는다

접시꽃 연가

오솔길 입구엔 늘 그리움이 있다
모여 있는 그 향기에 젖어
무한히 좋아져서
그 시간을 기다린다

큰 키에 휘청거리는 몸매
봄 깊은 그곳에서
빨간 입술을 내밀며
기다리는 사랑인지

별을 가슴에 담는
그 모습 때문인지
한참 동안
그곳을 떠날 수 없었다

오늘 하루는 어땠나요

인생은 흘러가는 물결 같아
가끔은 깊은 곳으로
내몰리기도 하고
가끔은 즐거운 파도와 함께
춤을 추기도 해

인생은 미지의 터전이야
내가 가야 할 방향은
아직 모르지만
계속 앞으로 나아가야 하니까

가끔은 어려운 시련과
마주하고 일시적인 상처를
입을 때도 있어
하지만 그럴 때마다
성장할 수 있어

인생은 즐거움과 고통이 함께하는 여정이니
어떤 순간의 행복은
시를 쓸 때 오는 것이다

찻잔 속에 피는 그리움

그리움은 연못처럼 돌고 있다.
차가운 겨울에도 꽃을 피우고
눈 속에서 풀꽃처럼 봉오리 맺는다

햇살이 비치는 창가에서
난 향기 맡으면
뭉클한 그리움
가슴에 꿈틀거리면
깊게 사색하는 시간이 된다

연못에 피는 고운 연꽃처럼
찻잔 속에 피는 그리움
마음 곁 맴도는 향기로운 그대

독경

오랜 세월에 소나무는 이끼가 쌓여있고
큰 키에 그늘도 멀리 가 있고
수많은 세월에 버티며
물소리 흐르는 곳에서 독경 소리 흘러

그늘진 마음도 부처님과 소통하는지
외로움을 달래며 늘 전진하는 것인지
바르게 사는 것이 얼마나 비중이 큰지

세월에도 변하지 않는 이력을 보면서
좋은 곳 가는 길 찾는 마음 다독이면
조금씩 가까이 갈 수 있지 않을까

하얀 구름

하늘 가득
바람에 흔들리는
하얀 구름이여

내 꿈을 실어 올려
저 하늘 끝까지 날아가
하얀 구름으로 꾸며 놓을래

그럼 나도
여기 이 세상을 벗어나
그대와 함께 구름 위에 올라
우리 마음대로 자유롭게 날아가겠지

하늘에 떠 있는
아름답고도 슬퍼 보이는 너

그대여, 내 마음을 담아서
하늘 끝까지 날아가렴

허공꽃

허공에 피어나는 꽃
잠깐 떠도는 듯한 그 모습은
내게 아름다움을 선사한다

언제나 어딘가를 바라보며
자유롭게 날아다니는 꽃
내 마음을 편안하게 만든다

그 꽃은 바람에 흔들리며
내게 머무르고는
다시 자유롭게 날아가 버린다.

허공에 피어나는 꽃이여
언제나 자유롭고 아름다운 모습으로
나를 맞아주길 바라며
그 아름다움에 푹 빠져들고 싶다

귀한 손님

반가움의 소리가
바람에 실려
마음 깊은 곳에 닿아
한 줄기 빛
어둠을 뚫는 눈빛

맞잡은 손의 체온
따뜻한 온기
지금 만난 것만으로도

하루는
금낭화 꽃 같아
이 마음 간직하고 싶다

두물머리의 하루

여전한 것들이 여기 숨 쉰다
느껴지는 이야기가
펼쳐진 파노라마로
고요가 내려앉은 그 길 따라

오로지 내가 보내고 싶은
시간을 생각하며
물길 따라가는 끝에서
나를 멈출 것이다

바람처럼 찾아온 풍경들이
귓가에 오밀조밀 울림으로
다가온다

그런대로 괜찮다
모든 게 아름답다
수채화 한 폭 그려진 강변 풍경
두물머리가 거기 있다

벚꽃 핀 봄날에

벚꽃 핀 봄날, 나는 벚꽃을 바라본다
하늘에서 내려오는 마치 눈송이처럼 내리며
하얀 벚꽃잎들이 그리움을 불러일으킨다

벚나무 가지부터 줄기까지 우아하게 흐르는 모습
그 안에 피어나는 작은 꽃들은 마치 마음에서 피어난 듯
내 마음도 벚꽃처럼 아름다움과 희망으로 가득 차오른다

벚꽃이 지나가면 내 마음도 서서히 가라앉을 것이다
그리움과 아름다움은 내 안에 영원히 남아
다시 벚꽃이 피어날 때 나는 벚꽃을 향한 그리움과
아름다움으로 인생의 아름다움을 즐길 것이다.

청옥문학

햇귀로 물드는 세상 속에
꿈을 안고 돌아보며

고운 빛을 담아
세상에 펼친다

정겨움이 오손도손
향기 풋풋하게 영그는 이곳

꺼지지 않는 웃음
깃발처럼 펄럭인다

영원히 이어갈
행복의 자리

제2부

풍경 소리

가을 사랑

바람에 나뭇잎 하나 툭 떨어진다
가는 길 멈추어 가을 하나 주웠다

바람 따라가는 가을
하얀 손수건 흔드는
은빛 물결에 젖어가는
산 능선 풍광에
그림 하나 얻었다

구름이 흔드는 가을하늘
억새꽃 하나 잡고
사랑으로 버티는 이 가을
햇살이 등 뒤에서 안긴다

풍경소리

통도사 대웅전
처마 끝에 달린 풍경
바람에 읊조리는 소리

잡귀를 물리치고
불심을 전하는 독경처럼
그칠 줄 모르고 들려오니
내 마음도 조용히 잠긴다

법당 깊숙이 들려오는
스님의 염불이
물결처럼 잔잔히 흐르고
그 속에서 나는
시간도, 나 자신도 잠시 잊는다

비 개인 오솔길

아까시나무 밤꽃 향기
숲은 초록 그리움으로 피어나고
발신자 없는 연애편지같이 설레는 마음

길가에 들풀들 젖은 손 흔들어
산등성에 운무가 거친 숨을 뿜어내면
깃털보다 가벼운 생의 무게가 짓누른다

꽃잎 예쁜 사랑을 벌 나비와 나누면
옆집 소나무 가지 뻗어 은밀히 가려주고
바람이 질투가 나 입김을 불어 흔든다

나무들은 젖은 머리를 털고
산객은 길 위에서 무심의 가슴을 씻고
구름은 아무 일 없다는 듯 흘러가는데

난꽃 향기

창가에 스며드는
향기로 잠을 깨운다

우아한 자태 속에 핀 꽃
햇살에 미소를 짓고 있다

밤새 머금은 향긋함을
선물하는 아침이다

상큼한 향기는
나를 떠나기 싫어
머뭇거린다.

낙엽

차가운 서리로
변색을 준비하고
시작과 끝을 알고 미련 버리고
떠나는 마음

그대와 인연도 시간이 되면
스산한 바람 따라
자유롭게 떠나는 순리

엊그제 풍성한 잎도
곱게 변색하면 모여 살자고
부스럭부스럭 소리를 낸다

낙엽 2

얼룩지게 하나씩 걸치는 잎새는
가슴으로 추억을 담는다

푸른 잎들이 사랑을 간직한 채
변신의 날을 기다리고
마지막 장식으로
변해보려는 그대는
그리움을 만들고 있다

새 옷을 입은 임은
여유를 가지고 비행하려고
오색의 미모를 자랑하며

바람을 부르며 미소 지으며
시간을 기다리고 있다.

법당을 찾아서

는개비를 맞으며
천천히 산을 오르면
어느덧 풍경소리가 들린다

땅 그랑 거리는 이 소리는
세상 모두 퍼지는 뜻이 있는 소리
경세警世의 의미로 방일이나 나태함을
깨우치는 역할을 한다

경치가 좋은 곳에는
법당이 있어 마당을 돌아보면서
시간을 보내면
들리는 풍경소리는
마음을 편안하게 하여
가끔 절에 찾아가는 것이다

달맞이꽃 2

그 아름다운 꽃
마음을 비치는 그 모습은
차가웠던 겨울 끝에
따스함을 선사해 주는
나의 작은 희망이었지

그 속에서 나는
노란 꽃잎 하나하나에
내 마음을 담아보았다
얼마나 이렇게 예쁠까
내 안에선 삶의 힘든 길을 걷던
내 모습이 그대로 그려졌다

더운 바람에 춤추는 그 모습은
내게는 작은 기쁨을 선사해 주며
내 마음을 따스하게 해주는
나의 작은 친구 달맞이꽃

땅뫼산에서

황톳길을 걸으며
수원지 바라보는 따스한 마음
편백 향기와 함께
가슴속에 스민다

오존이 풍기는 땅뫼산
스치는 바람은
그대들의 눈빛을
빛나게한다

여기 땅뫼산 언덕에 앉아
수원지를 바라보는 하루
자연의 향기는
내일을 위해 저장되고 있다

동백꽃

눈 오는 날
그리움 찾아
언덕에 올라가니
하얀 옷을 입고
살짝 내미는 붉은 입술

농익은 처녀
빨간 입술에 이끌려
이 밤도
임의 흔적을
여기저기에 찾아본다

맨드라미

돌담에 피어나는
빨아간 융단
보드라운 예쁜 모습에 젖어본다

길손의 발길을 잡아
향기로 여유를 주고
희망을 주는 아름다운 광채

돌담길 뒤돌아오는 길
아쉬움을 담아본다

떠나간 그대

차가운 계절에 움츠리며
스치는 바람을 막으려 해도 막을 수 없어
하염없이 내리는 비는 마음을 적시며
우울하게 만들어 서글퍼지고

메마른 대지가
애타게 기다리는 비처럼
우리의 마음에
기다리는 기쁨은 무엇일까

사랑하는 사람을 멀리 보내고
푸른 흔적에 몸부림치며
언제나 그 자리에 가보아도
외로움을 느끼는 바위만 있어

지난 추억의 자리에는
그대의 아름다운 마음만 꿈틀거리며
모습이 없는 동백섬
파도는 끊임없이 철썩거리는데

추억을 더듬어 보는 마음엔
쓴웃음만 짓는다.

그리움은

물들어간 나엽들 사이로
너의 향기가 떠오른다
바람에 실려 온
지난날의 기억들
기다림의 무게가 더해질수록
그리움은 깊어진다

빈 하늘을 바라보며
이름 모를 별들에게
너의 안부를 묻는다

달빛에 비친 너의 모습이
마음속에 스며들어
꿈속에서라도 너를 만나
다시 한번
그날의 따스함을
느낄 수 있기를

그리움은
시간을 거슬러
오늘도 너에게로 향한다

목련이 질 때

길가에 목련이 피어나는 봄날
하얀 꽃잎이 부드럽게 피어나
향기로운 향기가 공기에 스며든다

가지가지로 우아한 꽃봉오리들
높은 가지 위로 올라가는 동안
목련꽃 미소에 눈이 부시다

바람이 부는 날 목련꽃 지면
꽃잎이 흔들리며 비행한다

바람 불면

바람이 나에게 불어와
가볍게 흩날리는 순간
나를 감싸는
따뜻한 햇살 속에서 내 마음은 움직인다

긍정의 느낌이 마음을 스쳐 지나가며
바람의 속삭임이 나에게 전하는 것
자유로움과 함께 오는 기쁨이며
마음이 가벼워지고 희망이 깃들어간다

햇살은 나를 비추어 주고
바람은 나를 안아주는 것처럼
긍정의 힘이 나를 감싸고
끊임없이 나를 웃음 속으로 이끌어간다

바람이 나에게 불어와 사랑을 주고
긍정의 느낌이 마음을 향해 흘러가
희망과 기쁨이 함께하는 순간
나의 하루가 더욱 행복하고 풍요로워진다

벚꽃 흩날리는 날

벚꽃이 흩날리는
그 순간을 잡고 싶어
바람이 살랑이는
그대 머리카락처럼

산책로에 핀 벚꽃
한 점 한 점이 아름다워
눈을 감고 호흡을 하면
벚꽃의 향기가 난다

꽃잎 하나하나가
가을바람에 떨리면서
내 마음도 설레임에 흔들려
그대를 떠올린다

잠시라도 멈춰서
벚꽃을 바라보며
이 순간을 영원히 기억하고 싶다
그대와 함께한 그날을

아침 인사

비 오는 날
빗줄기에 걸린 그리움
누가 챙기는지

빗줄기 타고 온 그리움에
외로워져
임이 있는 곳을 바라보다

우산을 펴고
빗속을 걸어가면

노란 개나리가 웃고
새파란 풀꽃들의 아침 인사 한다

들꽃 한 송이
향기를 맡고 걸어 가면
기분이 좋아진다

서운암 공작새

산새가 우거진 풍경 속
갑자기 꾸워어어엉 울음소리 내고
푸드덕거리며 날아
지붕 위에 앉는 공작새

조금 뒤에 큰 날개를 펴고
날아가는 공작새는
감동을 주고 있다

멍하니 바라보다
떠나지 못하는 황홀감
기세 당당하게 하늘을 날아가는
모습을 보기 위해
다음을 기대하며 돌아왔다

부산 엑스포

부산의 물결 엑스포의 꿈 펼쳐져
세계가 모여 혁신의 날개를 펴는 곳
한국 땅에 환영과 손을 펴며
부산의 아름다움과 엑스포의 환상적인 순간

과학의 신비와 예술의 다양성
빛나는 미래의 문을 열어가는 부산
끝없는 지식과 혁신의 바다.
함께하는 열정, 우리의 꿈을 향해

부산의 땅에서 세계가 만나
빛나는 엑스포의 순간이 시작되어
2030년 부산의 자랑스러운 순간
세계로 확산하는 엑스포의 빛을 내리다

제3부

빈 배를 타고

해안 길 따라

푸른 파도가 출렁거리며
띄엄띄엄 몰려오는 파도를 보면서
해안 길을 달리다가 찾은 찻집

창가에 앉아
바다에 갈매기 끼를 대는 소리 들으며
그대와 향긋한 커피향기에 젖어보니

어느새 시간이 저녁을 부른다
창밖에는 아쉬운 비가 내리네
작별의 붉은 미소는 내일을 기약하는지

살얼음

찬바람이 스치면
물결 위엔 얇은 숨결 내려앉고
고요 속에 얼어붙은 시간
얇은 거울 속 물소리가 갇힌다

작은 움직임마저 정지된
찰나가 맞닿는 투명한 경계에서
살얼음 한 겹 덧댄
겨울의 서늘한 체온을 느낀다

차디찬 외면과 지독한 외로움
햇살 한 줌의 온기로
얼어붙은 마음 녹이려면
한때를 견디는 기다림은 필수다

빈 배를 타고

빈 배가 고요히 떠 있는 바다
내 안의 고향은 멀고도 가까운듯하다
언제나 이렇게 차 있는 것은 아니겠지만
지금은 그리움에 잠겨 있다.

저 멀리 바다는 푸르게 펼쳐져 있고
내 맘속에는 작은 섬 하나가 있는 것 같다
그 섬에서는 푸른 바다와 하늘과 함께
자유롭게 날아다니는 새들이 있다.

빈 배는 내 맘속의 섬으로 향해 가고
살아 숨 쉬는 나의 희망들을 태우고 있다
아직은 떠 있지만 언젠가는 출발할 거야
빈 배를 타고 내 맘의 섬으로 가야 할 거야
내 안에 빈 배는 멈추지 않고
나의 희망과 사랑을 나르고 있다

겨울 숨소리

차가워진 겨울의 숨결이
나뭇가지 끝에 맺힌
이슬이 반짝이며 세상을 감싼다
그 아래 고요한 물결이
살얼음처럼 얇게 덮여서
숨소리조차 얼어붙는다

차가운 손으로 세상을 만지면
추억의 조각들이 흩어지고
나는 그 속에서
따뜻한 온기를 찾으며
살얼음 위에 서서
그 찰나의 아름다움을 느낀다.

삶이란

생각 없이 살다가 목표를 만들어 보면
많은 일들이 생기는 것을 볼 수 있다

여유를 가지면 볼 수 있는 것도
바쁜 걸음은 그냥 지나치면 아쉬움이 남고
실수한 것도 보인다

또다시 실수가 없는 것은 생각을 저장해야
명예가 훼손되지 않도록
시기를 놓치면 다 시들어 버리는 꽃들도
화려한 추억은 있는 것이다

인생은 잠시 머뭇거리다 떠나는 것이며
소중한 인연을 놓치지 말아야 한다

아름다운 추억을 만들며 저장하며
살아야한다.

새벽길

아침이슬을 바라보며
가는 바람에
나부끼는 작은 풀잎은
내 마음을 흔든다

순간에 일로 가슴앓이하는 것을
그대는 아는가
이슬에 젖어 있는 마음은
세월이 지나야
바람으로 흩어질는지

건실한 꽃도 작은 돌풍에 꺾어지니
오늘은 걷고 싶어
소리 없는 비를 맞으며 걸어가니
지나간 추억이 그리워지는 것은
사랑이 아직 남아 있나 보다

비 오는 날

아침부터 촉촉이 비가 내리니
어디론 가고 싶다

갈증을 느끼는 새싹의 마음에 젖어
빗길 사이로 희미하게 그려지는
그리움 찾고 싶다

울적함이 생기고
미련에 젖은 아쉬움 날려 보내려고
해안 길을 찾아 나선다

휘청거리는 가로수 손짓
그리움을 알려주는지
더위에 힘든 초목은
단비에 힘을 얻어 기량을 뽐내면
보고픈 임이 오려나

봄꽃 기다리며

따스한 가을날 하나씩
변색하는 잎들을 정리하고
고운 빛깔로 옷을 입고 떠나는 날

잎들이 모여든
넓은 뜰엔 온통 낙엽만 가득하니
내 마음은 왠지 쓸쓸해진다

예쁜 꽃씨 하나를 찾아
양지바른 곳에 묻어두고
봄꽃을 기다려 본다

백목련

방긋이 웃는
사랑의 향기 날리며
하늘을 보고 웃는 모습
백옥 같은 하얀 마음에
젖어서 떠나지 못한다

갑자기 쏟아지는
비를 맞으며 툭툭 떨어져
안타까움이 생긴다

떨어진 백합
금방 까맣게 변하는 모습
너무 짧은 수명에 이별이 오니
떠나기 전에
향기라도 담아두련다.

연서리꽃

푸른 잎이 있는 곳엔
싸늘한 새벽에 뽀얀 미소로 온다

가냘픈 잎
하늘거리는 끝자락을
살포시 적시는 소리에 젖는다

감추어진 마음과
미소 짓는 짧은 시간
잠시 머물다가는 만질 수 없는
솜털 같은 그리움

먼동이 터오면 훌훌 떠나는
그대가 그리워져
여명이 오면 또 찾아 나선다.

범선을 타고

푸른 바다 범선을 타고
밤의 풍경을 바라보며
바람결에 넘실넘실
파도를 가르며 가는 범선
모두 한마음으로 만들어 주네

부산의 야경을 해상에서 감상하면서
밤하늘엔 여우별이 사라지고
선상에는 경쾌한 음악이 흐르니
모두가 즐거워 너울춤을 추고
흘러나오는 음악과 노래는 노랑북새*
불어오는 바람을 타는 선상의 웃음소리
가슴이 뭉클하는 기쁨이 온다

작은 섬에 깜박이는 등대는
말 없는 미소를 주는 씨밀레*
스치며 가는 아름다운 배들은 느끼지 못한
해상의 묘미로 감정을 만들어
추억 속으로 가지고 간다

* 노랑북새: 부산한 법석   * 씨밀레: 영원한 친구

겨울 해변

파도의 끝자락 따라 걸어가니
찬바람 귓볼 스치고
양 볼을 붉게 만들며
시원함과 따가움이 교차 되는 겨울 바닷가

갯바람이 밀고 온
하얀 포말의 박진감은
시원한 소리와 함께 사색을 부르며
싱그러운 생각을 몰고 온다

파도가 쓸고 간 자리는
새 길이 되어 있어서
행복이란 메시지를 쓰면서
나만의 시간에 머뭇거린다

수평선

이 세상의 수평선은
때로는 도로의 길목이 되며
때로는 바다와 하늘의 경계가 되며
우리 삶을 가로지르는 존재다

하나의 선으로 인해
우리의 시야는 끊임없이 높아지거나 낮아지고
넓어지거나 좁아지며
시간과 공간이 달라지곤 한다

그러나 그 선 위에서
우리는 모두 같은 땅 위에 서 있으며
우리 삶의 길을 같이 가고 있다

수평선은 그저 선일 뿐이지만
그 안에는 우리의 삶과 이야기가 담겨 있다

서운암

산천 부처님을 만나는
법당 안에서 나는 나 자신과 마주하게 된다
내 안의 소리를 듣고 나를 돌아보는 시간
세상의 소란과 번잡함은 멀어져서
마음이 차분해지고 안정되어간다

법당 안에서 부처님을 만나서
내가 찾고자 하는 것은
온전한 존재 의식과 내면의 평화다
마음을 비우고 깨끗한 상태로 시작하며
집중력과 힘을 얻어 몸과 마음을 다스린다

법당 안에서는 세상의 모든 것을 떠나
나 자신과 함께하는 시간이 흐른다
내 안의 평화와 안정을 찾아가며
나를 되돌아볼 수 있는 소중한 시간이다

빈 배

내 마음도 똑같이 텅 빈 것 같아
어디론가 가고 싶은데
가는 곳도 모르겠어
무언가 채울 수 있는 게 없을까

멀리서 보이는 작은 섬 하나
그곳에 향해 간다면
어쩌면 새로운 시작을 할 수 있을까
내 마음도 그곳으로 향하길 바라

빈 배 그러나 또 한 번 내 마음은 차오르고 있어
작은 희망은 언제나 있기 때문에
언제나 앞으로 나아갈 수 있을 거라고
빈 배야 함께 새로운 시작을 할 준비가 되어 있어

성지곡을 오르며

편백나무가 우거진 숲길엔
약수가 흐르고 시가 있고
솔솔바람이 불어오니
이파리는 춤추고 있다

한참 바위에 앉아 덕담 나누며
쉼을 가지며
과일을 나누어 먹고

다시 또 가파른 산길을 올라가니
숨소리가 커지며 운동 부족을 느낀다
산행의 묘미는
청정공기 마시기

목련

길제에서 비바람 버티던
단아한 사랑의 자태
옴츠렸던 앙가슴에 옷고름 푸니
고운 살결의 너울 살갑다

일 년을 기다려 만나는 인연
너무 짧은 시간 아쉬워
머뭇거리는
손백의 마음 언저리엔
뭉실뭉실 꽃구름 떠돈다

보람으로

새벽 여명을 보며
이곳으로 모여든 마음
훨훨 가벼운 마음으로
아련한 추억의 시간을
꽃처럼 기쁨으로

아름다움은 눈으로 새기며
가슴 뿌듯한 시간을 만들어
여기 인연에 만남이
새로운 이정표가 되어

짧은 시간에 긴 여운을 만들며
지인님의 가슴에 저장하며

청옥이란 문학의 길을 새겨서
번갯불 같은 인생을
보람을 만드는 목련꽃 향기처럼
멋진 글을 쓰며 흔적을 남기면
보람이 되지 않을까

제4부

인연

겨울 숨결

찬바람이 스치면
물결 위엔 얇은 숨결 내려앉고
고요 속에 얼어붙은 시간
얇은 거울 속 물소리가 갇힌다

작은 움직임마저 정지된
찰나가 맞닿는 투명한 경계에서
살얼음 한 겹 덧댄
겨울의 서늘한 체온을 느낀다

차디찬 외면과 지독한 외로움
햇살 한 줌의 온기로
얼어붙은 마음 녹이려면
한때를 견디는 기다림은 필수다

인연

기다림을 아는 목련은
봄의 온도에
움츠린 가슴을 펼친다

얌전한 자태로 향기를 보내고
마음 깊이 사랑을 주는
고운 숨결이다

한세월을 기다려
만나는 인연은
목련꽃 같은 그대다

혼자 걷는 오시리아

햇살은 파도 위에 쪽빛을 뿌린다

나는 말없이 걸었지
바람은 바다의 향기를 머금고
소매 끝에 남은 그날이 생각난다

멀리서 들려오는 부서지는 파도 소리
말하지 않아도 알 수 있었던 마음
수평선 너머로 그 뜬구름
그날의 시간이었음을 기억한다

지금은 멀어졌어도
발자국은 아직
그 길 위에 남아 있어 또렷이
추억을 불러오는 그 길을 걷고 있다

안개꽃

안개 속에서 피어나는 꽃
내게는 신비로움과 아름다움
어둠과 밤이 지나면
처음으로 눈앞에 보이는 것

그 꽃은 나에게
어둠 속에서도 빛나는 희망을 보여준다
언제나 그 꽃은
나에게 치유와 위안을 주며
나를 안심하게 만든다

나는 이 꽃을 통해
어둠과 두려움을 이겨낼 힘을 얻으며
새로운 시작을 향해 나아가고 싶다

하루의 공간

여전한 것들이 여기 숨 쉰다
느껴지는 이야기가
펼쳐진 파노라마로
고요가 앉은 이 길

오로지 내가 보내고 싶은
시간을 생각하며
여백 따라가는 끝에서
멈출 것이다

바람처럼 찾아온 풍경
귓가에 오밀조밀 울림으로
다가온다

통도사 대웅전에서

아득한 시간은 멈춰있는 듯
세상의 소란과 번잡함은 멀어져서
평온함과 조용함이 내 안에 흐르고 있다

절에서 나오면 세상은 여전히 그대로일지라도
나는 조금 더 순수하고 담담해진 것 같다

마음의 소리를 듣고
내면을 돌아볼 수 있는
소중한 시간

그것이 대웅전이다

풀꽃

봄바람이 스치면
초록빛 풀꽃이 피어난다
작은 꽃들이 춤을 추고
희망의 노래를 부른다

얼음이 녹고 땅이 풀빛으로 물들면
풀들은 삶의 기쁨으로 춤춘다
한 잎 한 잎이 소망의 꿈을 품으며
순수한 미소로 세상을 밝힌다

그 속엔 작은 삶의 기쁨이
숨 쉬고 있고 사랑이 흘러간다
풀꽃들은 모두 함께
사랑의 가치를 노래한다

그들은 작지만 강인하며
언제나 우리 곁에서 빛을 발한다.
풀꽃들의 삶은 예쁜 노래
우리의 마음에 영원히 남을 것이다

차 한잔

차향에 젖어
아무도 없는 공간에서
그리움이 있어
차를 끓인다

그대가 보이지 않아도
마주 앉아 한 모금 머금고 넘기면
보고픔이 생겨서
차를 권하며 마신다

차 한잔 나눌 그대 마음
내게 오고 있는지
기다리며 마신다

주엽나무

가시로 감싼
강한 뿌리
바람에 흔들려도
고개를 숙이지 않는다

어둠 속에서도
숨을 쉬고
가시를 세우며
스스로 삶을 지켜나간다

때로는 아픔을 주지만
그 속에서
더욱 깊은 뿌리를 내린다

주엽나무
그 단단한 자존심인가

서운암 장독대

햇살 가득한 마당 위에
수많은 장독대가 나란히 서 있다

정성 담긴 손길이 닿아
고요히 발효되는 시간의 향기

둥글둥글한 몸뚱이 속
매실과 된장이 익어가고
바람결 따라 퍼져나가는
전통의 깊은 맛과 향기

봄이면 푸른 잎 돋아나고
여름엔 햇볕에 따스해지며
가을엔 수확의 풍성함을 품고
겨울엔 눈 속에서 깊어지는 맛

장독대 그 속에 숨겨진
우리네 삶의 이야기들 여기 있다

하나하나가 작은 역사가 되어
세월을 넘어 전해지는
고요한 마당 장독대의 소리

그 속에 담긴 세월의 깊이가
오늘도 장독대는 말없이
오래된 지혜를 전해준다

참꽃 향기

비바람 몰고 오는
희뿌연 날씨에도
저 언덕 위에
제모습을 잃지 않는다

붉은 꽃잎 여미고
고요히 향기로 손짓한다

바람에 실려 꽃잎이 파르르 떨리고
꽃송이마다 잔잔한 웃음이 맺힌다

그 웃음 너무 곱고 또렷하여
다른 꽃들이 시샘하듯 바라본다

참꽃은 조용히 숨을 고른다
마치, 그 향기마저
잠시 멈춰야 할 것처럼

오늘은

비가 오지 않는 날인데
서글픈 마음이
비 구슬을 만들어 툭툭 떨어진다

마음에도 하얀 눈처럼
깨끗한 기쁨이 쌓이게
조용한 곳에서 명상하며
마음을 가다듬어

비우고 편해진다면
더 이상 바랄 것 없는
남은 길이 반짝일 텐데

우체국 가는 날

왠지 우체국 가는 날은 기쁘다

요즘은 소통할 수 있는 길이 많이 있지만
통신이 발달하기 전에는
편지밖에 길이 없었다

진정한 마음을 보내는 것은
편지와 책이 소중하다고 본다

보고픈 마음은 징검다리로 줄 서고
사랑을 담은 사연이 잔디 위로 걷고
기다림의 소식을 담은 책 한 권으로
여백을 주고 싶어
우편 창구로 가는 긍정의 마음은
소중함을 전하려 함이다

창구엔 늘 정성으로 반기는 화사한 미소
강물 따라가는 세월에 행복을 주는
사랑을 얻고 싶어
오늘도 보낼 것이 없는지 찾아본다

백사장에서

밀려왔다 밀려가는 썰물
자연과 사랑으로
더러운 것을 쓸어가면서
새 마음 주려고

빤히 쳐다보는데
허연 거품으로 밀고 오면서
우울의 마음에 그리움 만들어 주며

칼바람이 스치는 곳에서도
보고픈 임을 기다리며
미소를 짓는다.

풀잎 속삭임

물빛에 반짝이며 흔들리는 풀잎들
바람의 노래에 맞춰 춤을 추는 작은 무리
하늘에서 퍼지는 햇빛이 그림자를 던지며
자연의 미소가 땅 위에 펼쳐진다

비바람에 흔들리며 노래하는 풀잎들
작은 세계의 주인공이 되어 빛난다
비가 올 때는 빗방울이 춤을 추며 놀고
바람이 불 때는 그림자가 미로처럼 변한다

한 잎 한 잎이 모여 만들어 내는 풍경
작은 것 하나도 큰 아름다움을 주는
풀잎의 시간이 멈춘 순간
나는 자연과 함께 속삭임을 나누며 행복을 느낀다

과수원에서

햇살이 부드럽게 내려앉는 과수원
옐로드림 복숭아나무 사이로 바람 속삭여
초록빛 나뭇잎 사이로 반짝이는 아침이슬
갓 피어난 꽃들이 향기를 뿜어낸다

햇빛에 물든 복숭아
둥글고 탐스럽게 매달려
마치 자연이 준 선물처럼
손길을 기다리며 반짝인다

달콤한 향기 가득한 과수원의
시간은 천천히 흘러
알알이 맺힌 땀과 정성
열매로 고스란히 담겨
복숭아를 따 담은 바구니에
향내 가득하다

달빛에 비친 좌광천

소나무 사이
달빛의 손짓 따라
건강 30리 길을 걸어본다

그림자는
가끔 나타나는 나의 분신이며
동행하며 사색하는 시간은
나만의 기쁨이 된다

울적해지는 밤에
이름 모를 들꽃과 마주하며
좌광천을 걸어가면

꽃향기에 도취하여
조명 아래 앉아보니
귓불에 스치는 바람 소리도
그리움을 만든다

금정산 오르며

바람이 오는 곳도
세월의 출발점도

모르고 가는 세월
숨 쉬고 있을 때는

그대와 정을 나눔이
보람된 것이다.

금정산 오르며
뒷길을 돌아보니

이슬에 젖어 있고
생동감 넘쳐 난다

나란히 미소를 짓는
오솔길의 즐거움

성지곡 수원지에서

수원지 바라보는
따스한 숨결에
바람결 편백 향기
가슴속에 스민다

철쭉 향기 따라 걷는
연인들의 다정한 눈빛에
스치는 바람마저 설렌다

성지곡 언덕에 앉아
수원지를 바라보던 하루
자연의 향기가
행복으로 저장된다

제5부

비의 연가

파도가 지나간 자리

해안 길을 걷는다

멀리서 밀려오다 부서지는
하얀 포말
내 마음의 아픔 가져가기를

작은 욕심으로 아픔을 만드는
서글픈 삶이 되지 않기를

아쉬움 남기지 않는 길을 가라고
빌어 본다

밀려온 파도가 쓸고 간 자리에

곱게 반짝거리는
희망의 글을 새겨 넣어 본다

창가에서

실바람에 묻어오는
그대의 향기
꽃잎 하나하나에
그리움이 스며든다

푸르른 하늘 아래
메아리처럼 울리는
바람의 속삭임은
그대를 향한 세레나데

시간은 흐르고
그대와 나의 만남을
기다리는 이 순간
꽃처럼 피어날 하루를 기댄다

비의 연가

빗소리가
그리움을 부수고 있어
허물어지는 마음의 창

소리 없이 지고 있나니
그대에게 건네던 마음이

보고프다 말하지 말자
더 그리울 뿐

아스러지지 않는 그리움
그림자에 밟히고 있다

비 오는 날의 그리움

창밖에 빗물이
조용히 시간을 적십니다
당신의 이름을 부르듯
유리창 위를 흘러내립니다

우산 속 두 사람이
어깨를 맞대던 그날처럼
기억은 젖은 골목길을 따라
다시 나를 데려갑니다

빗소리마저 당신 같아
자꾸만 귀 기울이게 되고
그리움은 빗물보다 더 깊이
내 마음을 적셔옵니다

비가 그쳐도
당신에 대한 그리움은
맑게 개지 못한 하늘처럼
오래도록 머뭅니다

가을 동행

이 가을에
너울너울 파도가 밀려오는
고즈넉한 카페에 앉아
하늘거리는 코스모스 같은
고운 마음으로
정을 주는 사람과 나누는 차 한잔

은은히 스며드는 차향 속에 녹아
오랫동안 마주할 사람과의 동행

노을빛에 물든 국화꽃 아름다움보다
마음이 고운 사람과
깊어지는 가을밤의 향기에 취해본다

그대에게

늘 가슴에 담아둔 그대에게
우연히 만남도 설레며
기쁨이 넘칩니다

보이지 않아도 잘되기를 바라며
무언으로 기도하며
짧은 만남도 좋아진다

헤어지기 싫은 마음
아쉬운 작별도
또 새로운 만남을
기대하며 접습니다.

억새꽃

푸르른 억새들 사이로
눈이 부신 햇살이 스며들어
바람 부는 소리에
흔들리는 억새꽃이 너무나 예쁘다

바람에 흔들리며 자유롭게 춤을 추는
그 모습이 참으로 아름답다
내 마음도 자유롭게 춤추며
억새꽃처럼 자유롭게 살고 싶다

억새꽃아, 바람이 부는 대로
흔들려라 자유롭게
그리고 내 마음도
자유롭게 살아가게 해줘

억새꽃 2

인생은 억새꽃처럼
무리 지어 어울리며 사는 삶
억새꽃은 모여 있어야 맛깔스럽다

바람은 가지런한 모습을 흔드는 아우성
역광을 받으면 속살까지
붉게 보여주며 자랑한다

오래 살면 백발이 되는 것처럼
은빛으로 흔들면서
그리움의 띠를 만들어
가슴이 두근두근 감회를 주어
늘 찾아오게 하고 있다

억새꽃 3

억새꽃 들판에 서면
맑은 햇살과 바람이 나를 감싸안는다
그 속에서 내 마음도 자유롭게 펼쳐지며
평화로운 정취가 내 안에 깊이 스며든다

억새꽃은 하나하나의 작은 꽃들이
함께 어우러져 큰 들판을 채우고 있다
억새꽃 들판에 서면
시간이 멈춘 듯한 차분함과
안정감이 내 안에 흐른다

빗속 드라이브

흐릿한 날 추적추적 내리는 비
어딘가 가고 싶은 날
잔잔히 내리는 빗속을 달리며
차창에 부딪히는 빗방울
부서지는 소리에
모든 잡념이 날아간다

바람에 벚나무가 휘청거리면서
꽃잎을 주르르 흘리네
그대와 눈으로 기쁨을 나누면서
하얀 배꽃들이 마중하는
즐거운 해안 길 아름답다

빗속에 만남 목 와불 부처님께
그대와 인사하며 기쁨을 얻어
목어를 두드리며
만남 인연에 고마움을 전한다

매화

매화 피어나는 이 계절에
어느 작은 골목길을 걷다 보면
발밑에 하나둘 떨어진 꽃잎들이
내려앉아 마치 빛나는 길을 만들어 둘러싸네

하얀 꽃잎은 새하얀 설렘을
물들이며 나를 포근하게 감싸고
그 속에서 나는 어느새
그대와의 만남을 떠올리고 있는 것 같아

매화꽃은 그저 한 점의 꽃일 뿐이지만
그 속에서는 끝없는 추억들이 깊숙이 살아있어
그리움과 사랑의 향기를 담아
나를 늘 행복하게 해준다

산을 오르며

비를 맞으며 천천히 산을 오르면
어느덧 마음이 편해지는 풍경소리가 들린다

땡그랑거리는 이 소리는
세상 모두 퍼지는 뜻이 있는 풍경소리
경세警世의 의미로 방일이나 나태함을
깨우치는 역할을 한다

경치가 좋은 곳에는 법당 마당을 돌아보며
시간을 보내며 시재를 얻는 시간이 좋아
가끔 산을 오르면 절을 찾는다

만남

바다가 보이는 카페에서
무언의 대화로 시간을 재는 그대
세월을 넘어서 바다로 오는 강물처럼
인연이 그리움을 만든다

한마디씩 나눔으로 정은 쌓이며
철썩거리는 파도에는 사랑도 타고
바다와 파도처럼
커피향기도 인연이 되어야 만난다

인생행로에 만남
필연의 시간을 만드는 것이라고
지나는 바람이 일깨어준다

모전공원의 밤

어둠이 살포시 내리면
오색조명이 만든 빛의 무늬
작품과 어울려진 한 쌍의 무대가 열린다

나들이 나온 가족들
즐거운 웃음 더불어 환하고
세종대왕의 창세기 뜻이
과학자 꿈꾸는 아이들
눈망울에 별빛 어린다

행복이 샘솟는 놀이터에서
더욱 깊어지는 정
예술로 빚은 휴식처에서
꿈과 사랑 영글면
HELLO 모전 반기는 불빛 향연
밤 깊어져 가는 줄 모른다

블루베리

천성산 기슭 깊은 계곡
천년의 명품 소나무가 풍기는 사랑
든든함을 주는 마음이다

높은 고지 최적의 환경과
오랜 숲속에 갇혀
손길이 닿지 않는 곳이기에
더욱 새로운 느낌을 주는 땅에

여기저기 주렁주렁 매달린
블루베리의 빨간 미소엔
달콤함에 젖는다

오솔길에는 곰달취와
반짝이는 엽록소 향기가 있는
여기에서 젖어보는 것은
삶의 에너지를 얻는 행복이다.

해남 가는 길

해남 가자고 문자를 받았다
미리 준비해 놓아도 마음은 바쁘고
새벽길 나서는데
빗님이 마중하니 걸음이 빨라진다

기다리는 임들이 반갑고 기쁨으로 인사하고
환희의 만남으로 차를 타고 가니
차창에 뚝뚝 떨어지는 빗방울을 바라보며

어눌한 날씨라도
해남 가는 마음은 부풀어 있어서
기쁨이 생기는 것이다

나 혼자 사색할 수 있는 시간
새봄에 참꽃을 기다리는 마음처럼
향기는 코끝에 스며든다

한순간의 스치는 짧은 시간을
추억으로 붙잡아 보고 싶다.

산책길에서

이른 아침 산책길에서
하늘에 떠 있는
꽃구름 찾아 헤매다
몽실몽실 솜덩이를 찾았다

그 솜털 비가 되어
싹 돋음 할 수 있게
마른 대지도 적셔준다

해맑은 어린아이 눈망울
풀 끝에 매달린 물빛 구슬보다
초롱초롱
부드러운 바람 속을 함께 걸었다

> 해설

『시간의 강에 기대어』 출간을 축하합니다

이 석 락
| 시인, 계간 청옥문학 편집주간 |

    청옥문학협회 회장 직무 외에도 여러 문인협회 간부로서 바쁘신 중에 또 신간을 내신다고 한다. 한 편의 시가 되기까지 얼마나 많은 시간이 소요될까 생각하면 감이 잡히지 않는 열정이다.
    바쁜 중에도 시를 써야 견딜 수 있음은 시를 쓰지 않으면 견딜 수 없는 무엇이 있기 때문일 것이다. 그것이 의학으로는 고칠 수 없는 병이라면 평생 반려자로 보듬고 살아야 할 것이다. 이미 발표한 시들이 우수함에도 더 좋은 작품을 쓰려고 노력함은 진인사대천명盡人事待天命을 생각하게 한다.

    물은 말없이 흐르고
    그 위에 어른거리는 그림자 하나
    조용히 스쳐 간다
    손에 쥐려 하면 흩어지는 순간들
    돌아보면

모두가 선물이었다

젊음은 발끝에 있었고
사랑은 눈동자에 머물렀지만
이제는 주름진 손등 위에
깊은 기억으로 눌러앉았다

시간은 흘러갔지만
그 안에 내가 있었고
그대가 있었다
그래서 지금,
비워진 마음 하나에도
잔잔한 빛이 스민다

-「시간의 강에 개대어」전문

흐르는 물 위에 비치는 물그림자, 물그림자는 물리적으로는 잡을 수도 없어 촉감도 없다. 지금에 이르러서도(흐르는 물) 지나간 나의 삶(그림자)이 되살아난다. 삶이 물 위에 떠내려가는 지푸라기보다 허망한 것 같다. 떠내려가는 지푸라기는 잡을 때 촉감이라도 있지만, 그림자는 땅 위에 있어도 잡히지 않다가 빛과 함께 사라진다.

시인은, 살며 겪었던 일이 의미 없이 마감될 것 같지만 그렇지 않더라는 말을 한다. 지나간 일은 후회해도 소용없다고 하지만, 시인은 그렇지 않다고 말한다. 지나간 일을 회상하는 동안 나에게 새롭게 살아갈 의지에 불을 지펴준 다고 에둘러 말하고 있다.(「시간의 강에 기대어」 마지막 행) 살아온 일은 물 위에 떠내려가든 그림자로 어른거리든 기억에는 남아 있다. 그 기억의 가치는 얼마나 될까? 너와 내가 사랑했던 지난 일이 잔잔한 빛으로 스며 사람에게 안온한 평화를 주었다면 그 가치를 얼마로 보아야 할까?.

아침 이슬을 머금은 풀잎
소소리바람에 나부끼며
내 마음을 흔든다

돌풍에 가슴앓이하는 것을
그대는 아는가
이슬에 젖어 있는 마음은
시간이 지나야
바람으로 흩어지겠지
한 잎 한 잎이 모인 건실한 꽃도
작은 소리에 상처받을까 봐

소리 없는 비를 맞는 것을 보며
자연과 속삭임을 나누는
사랑이 있기에 행복하다

- 「풀꽃을 보며」 전문

아침이슬과 소소리바람은 귀하지는 않지만 그렇다고 늘

있는 것은 아니다. 별이 가득한 밤이 만들어주는 이슬도 해가 뜨면 곧 사라지고 소소리바람도 날만 새면 부는 것이 아니기에 모처럼 만난 아침이슬과 소소리바람은 나를 상쾌하고 새롭게 한다. 사무실에 도착하면 사랑하는 사람이 모닝커피라도 줄 것 같고 오늘의 과제는 쉽게 끝낼 것 같은 예감을 하게 한다. 이렇게 상쾌한 아침에는 모든 것이 예뻐서 풀잎 하나에도 정이 가고 돌이나 나무에게도 정다운 말을 건네고 싶다. 이런 날은 어제 다투었던 친구와도 덥석 손을 잡고 반가워하리라.

그리움은 연못처럼 돌고 있다
차가운 겨울에도 꽃을 피우고
눈 속에서 풀꽃처럼 봉오리 맺는다

햇살이 비치는 창가에서
난 향기 맡으면
뭉클한 그리움
가슴에 꿈틀거리면
깊게 사색하는 시간이 된다

연못에 피는 고운 연꽃처럼
찻잔 속에 피는 그리움
마음 곁 맴도는 향기로운 그대
　　　　　　　　-「찻잔에 있는 그대」 전문

그리움은 흐르는 물이나 부는 바람처럼 훌쩍 사라지지 않고, 짝사랑하는 연인에게 사랑을 고백할 용기가 없어 서성거리듯이 우리의 곁을 맴돈다. 기계적인 단순 노동, 힘들지 않는 노동을 할 때는 사건의 결말과 관련이 있는 사람이 생각난다. 미운 사람도 고운 사람도 모두 지나간 사건 때문에 생각나지만 이 시에서 마지막 행을 읽으면 그리움의 대상이 미운 사람은 아니다. 향기로운 그대가 누구인지는 독자들이 정할 일이지만, 류시화 시인의 「그대가 곁에 있어도 나는 그대가 그립다」고 한 시나, 안광수 시인이 시 「보고 싶다」에서 '멀리 있어도 내 곁에 있어도 그리운 너의 얼굴'이라고 말한 것처럼 시인이 그리워하는 사람은 온종일 그리워하다가 일이 끝나고 집에 돌아가면 부딪치는 아내인 듯하다.

간새에 출렁이는
은빛 바다를 바라보며
말 없는 눈빛에 마음이 닿습니다

세월을 넘어 바다로 오는 강물처럼
우리의 인연도 언제부턴가 그림자 되어
나의 하루를 스칩니다
보고파질 때는
늦은 밤 창가에 앉아
사색 속에 그대를 불러봅니다

인생이라는 먼 길 위
우연처럼 찾아온 만남은

사실은
오랜 기다림 끝의 인연의 시작이었음을
지나는 바람이 속삭입니다
― 「그림자 되어」 전문

   시인은 풍광 좋은 어느 바닷가 회의실에서 긴 회의를 마치고 홀가분한 마음으로 차를 마시는 듯하다. 여러 사람과 서로 달랐던 안목을 조율하고 참석자들이 돌아간 뒤 회의장 창문의 칸살 사이로 은빛 야간 조명을 반사하며 출렁이는 바다를 본다. 일이 끝나고 집으로 가야 할 시간인데도 사건 해결의 안도감으로 온몸의 긴장이 풀리자 무료함과 안도감으로 잠시 차를 한 잔 마시는 듯하다. 할 일이 없어져도 생각은 쉬지 않아 찻잔을 들면 옛일이 떠오른다. 돌아가신 부모님부터 멀리 떨어져 사는 형제며 친구들이 밤바다 은물결처럼 출렁인다. 시인은 "하루하루 연명하기에 바빠 찾아 나설 수 없는 친구들아! 우리의 만남은 우연이 아니라 계획된 것이었다. 우연인 듯이 다시 만날 날이 있을지는 신의 계획서에 있을 것이다. 지나간 인연을 새로운 인연이 되도록 살아보자."고 속으로 다짐했을 것이다.

   시 전체가 전하는 말은, '인간이 모든 일을 하는 것 같지만, 만나고 안 만나는 것도 당장의 내 뜻대로는 되지 않고 충분한 인연을 만들어야 되고 우리가 다시 만난다면 그것도 쌓은 인연의 결과라고 한다.

최경식 시인의 신간 시집을 감상하고 출간을 축하한다.

최경식 아홉 번째 시집

시간의 강에 기대어

인쇄: 2025년 8월 5일
발행: 2025년 8월 10일

지은이: 최경식
펴낸이: 최경식
펴낸곳: 청옥출판사
인쇄처: 세종문화사

출판등록 제10-11-05호
E-mail: sik62001@hanmail.net
전화: 051-517-6068
값: 12,000원

ISBN 979-11-91276-82-4 03810

* 이번 작품을 창작하는 데는 한국예술인복지재단 2025년도 디딤돌 창작기금 지원을 받았습니다.

  ∧∧∫ 한국예술인복지재단
  KOREAN ARTISTS WELFARE FOUNDATION

* 이 책의 무단전재 및 복제행위는 저작권법에 의거, 처벌의 대상이 됩니다.